sekolahan - sakola	2
perjalanan - lalampahan	5
angkutan - transportasi	8
kutha - kota	10
lanskap - pamandangan	14
restoran - restoran	17
supermarket - supermarkét	20
ombenan - inuman	22
panganan - dahareun	23
kebon - pertanian	27
omah - imah	31
ruang tamu - rohang tamu	33
pawon - dapur	35
jedhing - kamar ibak	38
kamar anak - kamar budak	42
klambi - acuk	44
kantor - kantor	49
ekonomi - ékonomi	51
gawean - pagawéan	53
alat - alat	56
alat musik - alat musik	57
kebon kewan - kebon binatang	59
olahraga - olahraga	62
kegiatan - aktivitas	63
keluarga - kulawarga	67
awak - awak	68
griya sakit - rumah sakit	72
dharurat - darurat	76
bumi - Bumi	77
jam - jam	79
minggu - minggu	80
tahun - taun	81
wangun - bentuk	83
warna - warna-warna	84
kontras - sabalikna	85
angka - angka-angka	88
basa-basa - basa-basa	90
sapa / apa / piye - saha / naon / kumaha	91
neng endi - di mana	92

Impressum
Verlag: BABADADA GmbH, Nedderfeld 112 , 22529 Hamburg
Geschäftsführer / Verlagsleitung: Harald Hof
Druck: Books on Demand GmbH, In de Tarpen 42, 22848 Norderstedt

Imprint
Publisher: BABADADA GmbH, Nedderfeld 112 , 22529 Hamburg, Germany
Managing Director / Publishing direction: Harald Hof
Print: Books on Demand GmbH, In de Tarpen 42, 22848 Norderstedt

sekolahan
sakola

- para bagi
- blabag kanggo nulis / papan
- kelas / rohang kelas
- latar sekolah / pakarangan sakola
- guru / guru
- dluwang / kertas
- nulis / nyerat / nulis
- pen / kalam
- meja / méja gawé
- garisan / jidar
- buku / buku
- murid / murit

tas sekolah
tas sakola

tepak potlot
wadah potlot

potlot
potlot

orotan potlot
rautan potlot

setip
pamupus

lemek nggambar
kertas gambar

gambar
gambar

kuwas
kuas cét

tepak cat nggambar
kotak cét

gunting
gunting

lem
lém

buku latihan soal
buku latihan

pakaryan omah
péér

angka
angka

tambah
nambahkeun

suda
kurang

ping
kali

itung
ngitung

aksara
surat

abjad
alpabét

tembung
kecap

teks
téks

maca
maca

kapur
kapur

wulangan
palajaran

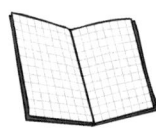
dhaptar
daptar

ujian
ujian

sertipikat
sértipikat

sragam sekolah
saragam sakola

pendhidhikan
atikan

ensiklopedia
énsiklopédi

universitas
univérsitas

mikroskop
mikroskop

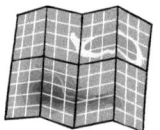
peta
peta

kranjang larahan
wadah runtah

sekolahan - sakola

perjalanan
lalampahan

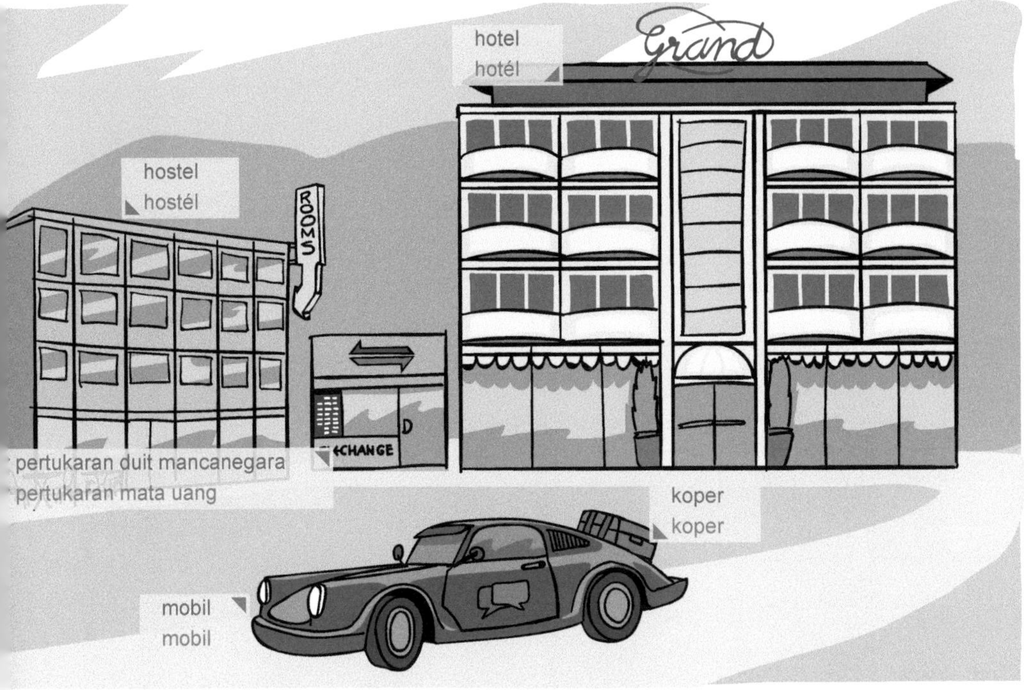

hotel
hotél
Grand
hostel
hostél
ROOMS
CHANGE
pertukaran duit mancanegara
pertukaran mata uang
koper
koper
mobil
mobil

basa

basa

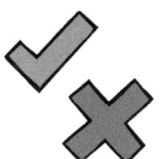

iya / ora

muhun / henteu

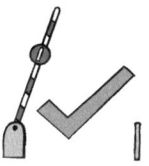

oke

oké

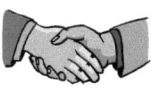

halo

hei

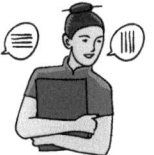

juru basa

panarjamah

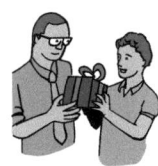

matur nuwun

hatur nuhun

Piro regane ...?
sabaraha hargana...?

aku ora ngerti
abdi teu ngartos

masalah
masalah

Sugeng dalu!
Wilujeng wengi!

Sugeng enjang
Wilujeng siang!

Sugeng dalu!
Wilujeng wengi!

pareng
mugi patepang deui

arah
arah

koper
bagasi

tas
kantong

ransel
ransel

tamu
tamu

kamar
rohang

kantong turu
kantong saré

tenda
tenda

perjalanan - lalampahan

informasi turis
informasi wisata

pantai
pantai

kertu kredit
kartu krédit

sarapan
sarapan

mangan awan
dahar beurang

mangan ing wayah bengi
dahar peuting

tiket
tikét

lift
lift

perangko
perangko

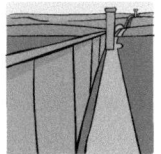

watesan
wates

cukai
cukai

kedutaan
kedutaan

visa
visa

paspor
paspor

perjalanan - lalampahan

angkutan
transportasi

montor mabur
kapal terbang

kapal
parahu motor

mesin pemadam kobongan
mobil pemadam kebakaran

truk
treuk

bis
beus

prahu motor
parahu motor

mobil
mobil

sepeda
sapeda

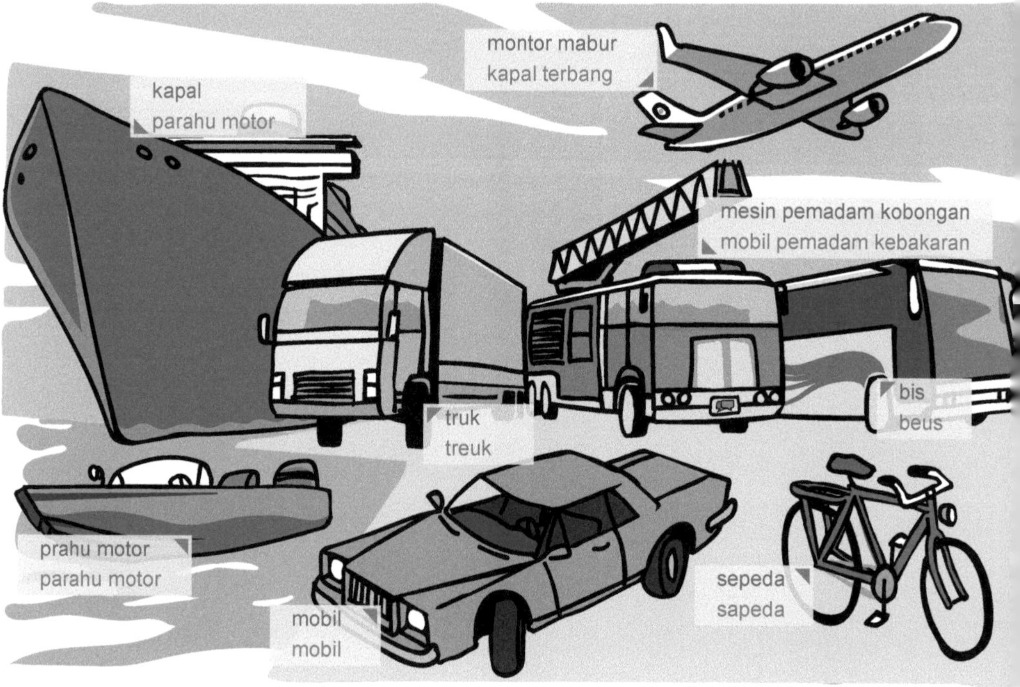

feri
kapal féri

perahu
parahu

sepeda motor
sapeda motor

mobil polisi
mobil pulisi

mobil balapan
mobil balap

mobil sewa
mobil nyéwa

angkutan - transportasi

sewa mobil
mobil babarengan

truk derek
treuk dérék

truk resek
treuk runtah

motor
motor

bensin
bahan bakar

pom bensin
bénsin

tanda dalan
tanda lalulintas

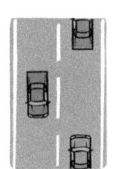

lalu lintas
lalulintas

macet
macét

parkir mobil
parkir mobil

stasiun sepur
stasiun karéta

ril sepur
trék

sepur
karéta api

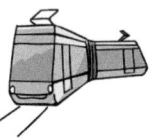

tram
tram

grobak
garobag

angkutan - transportasi

helikopter
hélikopter

lapangan montor mabur
bandara

menara
munara

penumpang
panumpang

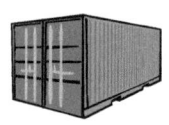
kontener
konténer

kerdhus
karton

troli
troli

kranjang
karanjang

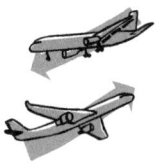
mabur / ndarat
terbang / landas

kutha
kota

desa
kampung

tengah kutha
tengah kota

omah
imah

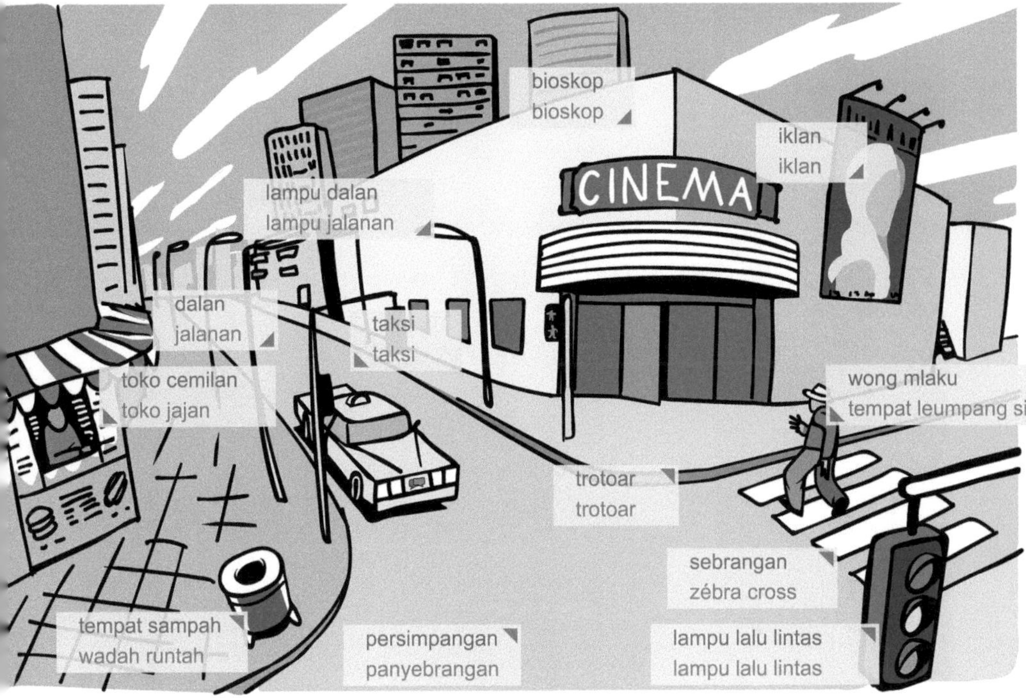
bioskop
bioskop
CINEMA
iklan
iklan
lampu dalan
lampu jalanan
dalan
jalanan
taksi
taksi
toko cemilan
toko jajan
wong mlaku
tempat leumpang sis
trotoar
trotoar
sebrangan
zébra cross
tempat sampah
wadah runtah
persimpangan
panyebrangan
lampu lalu lintas
lampu lalu lintas

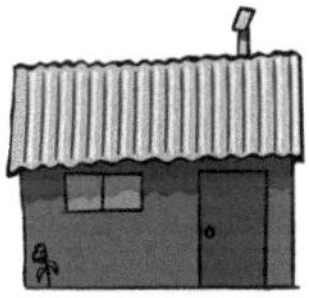

gubuk

gubuk

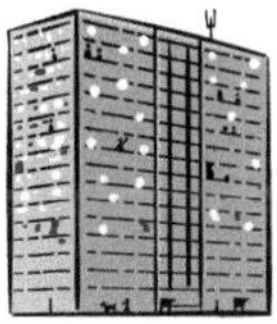

apartemen

imah flat

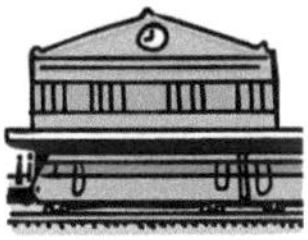

stasiun sepur

stasiun karéta

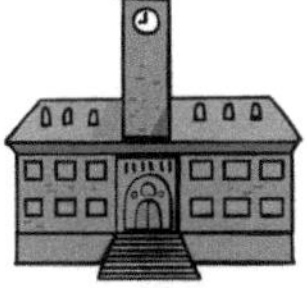

bale kutha

balai kota

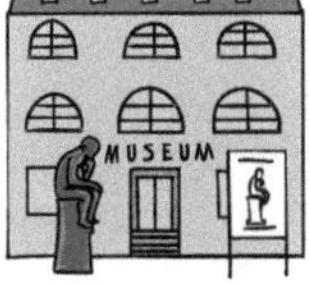
MUSEUM

museum

museum

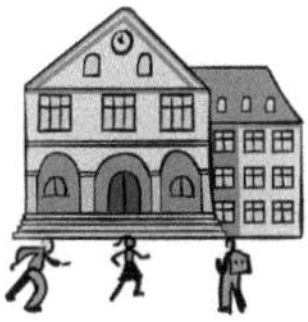

sekolahan

sakola

universitas
univérsitas

bank
bank

griya sakit
rumah sakit

hotel
hotél

apotek
farmasi

kantor
kantor

toko buku
toko buku

toko
toko

toko kembang
toko kembang

supermarket
supermarkét

pasar
pasar

toko sarwa ana
swalayan

toko iwak
nalayan

mal
pusat balanja

pelabuhan
palabuan

kutha - kota

taman	bangku	tretek
kebon	korsi	sasak

andha	metro	trowongan
tangga	kareta bawah tanah	torowongan

halte bis	bar	restoran
halte beus	bar	restoran

kotak surat	pratandha dalan	meteran parkir
kotak surat	tanda jalan	meteran parkir

kebon kewan	kolam renang	masjid
kebon binatang	kolam renang	masigit

kutha - kota

kebon
pertanian

polusi
polusi

kuburan
kuburan

greja
gareja

panggon dolanan
tempat ulin

candi
pura

lanskap
pamandangan

- godong / daun
- plang panunjuk arah
- dalan / jalanan
- beran / ladang jukut
- watu / batu
- uwit / tangkal
- wong munggah / tukang leumpang
- kali / susukan
- suket / jukut
- kembang / kembang

lanskap - pamandangan

lembah
lengkob

bukit
bukit

tlogo
tasik

alas
leuweung

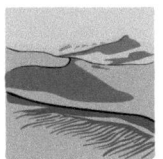
ara-ara
gurun

gunung geni
gunung marapi

keraton
karaton

kluwung
katumbiri

jamur
suung

uwit palem
tangkal palem

lemut
reungit

laler
laleur

semut
sireum

tawon
nyiruan

angga-angga
lamat lancah

lanskap - pamandangan

kumbang
nyiruan

kodok
bangkong

bajing
bajing

landhak
landak

truwelu
kalinci

manuk dares
bueuk

manut
manuk

banyak
soang

celeng
bagong

kidang
kijang

menjangan
kijang

bendungan
bendungan

turbin angin
turbin angin

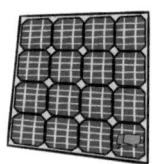

panel srengenge
panél surya

iklim
iklim

lanskap - pamandangan

restoran
restoran

- laden / badega
- menu / menu
- kursi / korsi
- sop / sop
- pizza / pitsa
- alat mangan / parkakas dahar
- taplak meja / taplak

hidangan pambuka
hidangan pembuka

menu utama
hidapan utama

hidangan penutup
hidangan penutup

ombenan
inuman

panganan
dahareun

gendul
botol

restoran - restoran

panganan instan
dahareun cepat saji

jajan cemilan
jajanan sisi jalan

ceret teh
téko téh

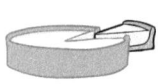

kaleng gula
wadah gula

porsi
porsi

mesin espresso
mesin éspréso

kursi duwur
korsi jangkung

tagihan
tagihan

baki
baki

lading
péso

sendok garpu
garpu

sendok
séndok

sendok teh
séndok téh

serbet
serbét

gelas
gelas

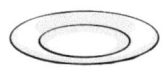

piring
piring

piring sop
mangkok sop

lepek
pisin

duduh
saos

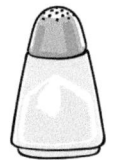

gendul uyah
wadah uyah

bubuk mrico
panggiling pedes

cuka
cuka

lenga
minyak

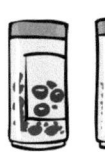

bumbon
bumbu

saos tomat
saos tomat

mustar
mustard

mayones
mayonés

supermarket
supermarkét

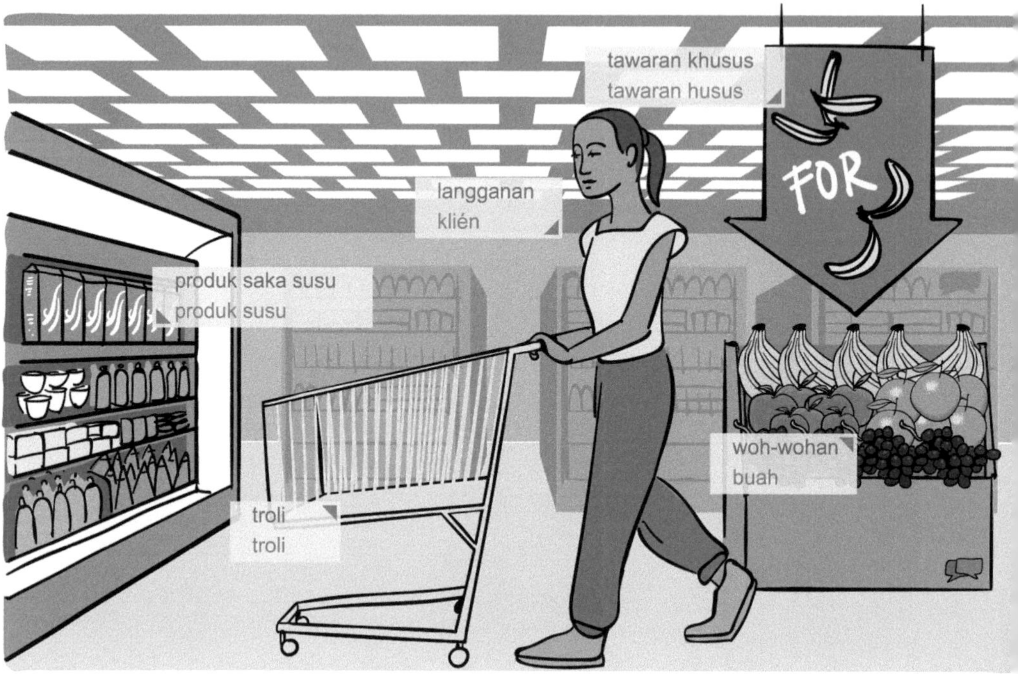

tawaran khusus
tawaran husus
langganan
klién
produk saka susu
produk susu
woh-wohan
buah
troli
troli
FOR

BUTCHERS

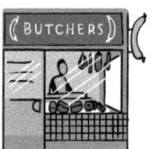

toko daging

tukang meuncit

BAKERY

toko roti

toko roti

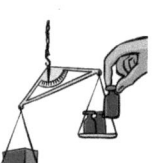

nimbang

nimbang

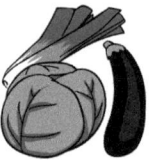

janganan

sayur

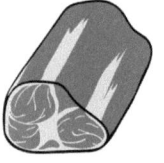

daging panggang

daging

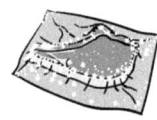

panganan beku

tuangeun beku

irisan daging	panganan kaleng	deterjen
alat potong daging	dahareun kaléng	sabun serbuk

permen	produk reresik omah	produk reresik
permén	perkakas rumah tangga	produk pembersih

bakul	mesin kasir	kasir
tukang jualan	kasa	kasir

daftar blanja	jam buka	dompet
daftar balanja	jam buka	dompét

kertu kredit	tas	tas kresek
kartu krédit	kantong	kantong palastik

supermarket - supermarkét

ombenan
inuman

banyu
cai

jus
jus

susu
susu

ombenan kanthi karbon
kola

anggur
anggur

bir
arak

alkohol
arak

coklat
coklat

teh
téh

kopi
kopi

espresso
éspréso

cappuccino
kapucino

panganan
dahareun

gedhang
pisang

apel
apel

jeruk
jeruk

semangka
samangka

jeruk lemon
lémon

wortel
wortel

bawang
bawang bodas

pring
awi

bawang
bawang bombai

jamur
suung

kacang
suuk

bakmi
emih

spageti

spagéti

sego

sangu

salad

salat

kentang goreng

kentang goréng

kentang goreng

kentang goréng

pizza

pitsa

hamburger

hamburger

roti isi

roti lapis

daging irisan

sakeureut daging

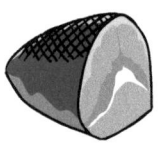

daging ham

ham

salami

salami

sosis

sosis

pitik

hayam

daging panggang

ngagoreng

iwak

lauk

panganan - dahareun

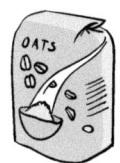
bubur gandum
bubur gandum

muesli
séréal

sereal jagung
cornflakes

glepung
tarigu

croissant
croissant

roti
roti

roti
roti

roti panggang
roti panggang

biskuit
biskuit

mertega
mantéga

dadih
dadih

kue
kuéh

endog
endog

endog goreng
goréng endog

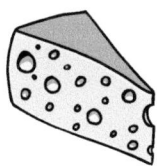
keju
keju

panganan - dahareun

es krim	gula	madu
eskrim	gula	madu

sele	krim nugat	kare
selé	krim coklat	karé

panganan - dahareun

kebon
pertanian

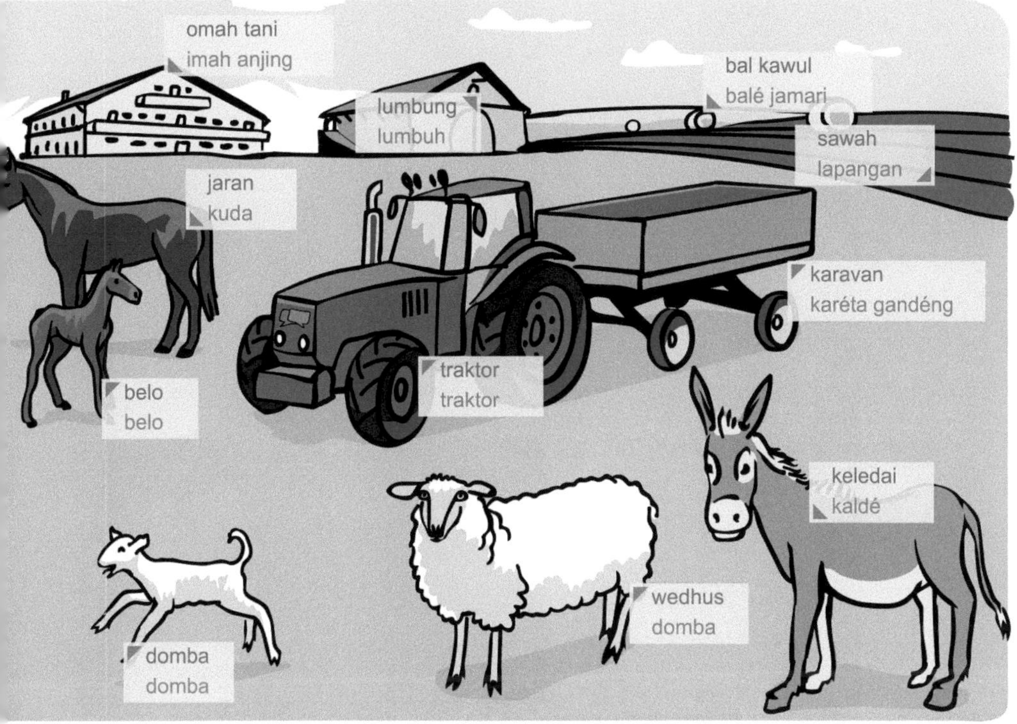

omah tani / imah anjing
lumbung / lumbuh
bal kawul / balé jamari
sawah / lapangan
jaran / kuda
karavan / karéta gandéng
belo / belo
traktor / traktor
keledai / kaldé
domba / domba
wedhus / domba

wedhus
embé

sapi
sapi

pedhet
bitis

babi
bagong

gambluk
babi

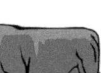
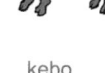

kebo
banténg

kebon - pertanian

banyak
soang

bebek
éntog

kuthuk
pitik

babon
hayam

jago
hayam jago

tikus
beurit

kucing
ucing

tikus
beurit

sapi
sapi

asu
anjing

kandang asu
imah anjing

selang
selang

gembor
kaléng nyiram

arit gede
arit panjang

waluku
ngabajak

arit gede
arit

pacul
pacul

garu
garpuh jukut

kapak
kapak

grobak surung
gorobah

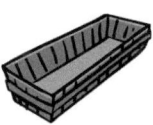
wadah pakan
palung

kaleng susu
kaléng susu

karung
karung

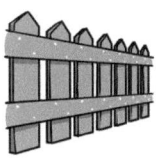
pager
pager

kandang
kandang

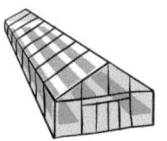
omah kaca
imah kaca

lemah
taneuh

wiji
benih

rabuk
pupuk

traktor panen
mesin permén

kebon - pertanian

manen
panén

panen
panén

ubi
yams

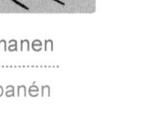
gandum
gandum

kedelai
kedelé

kentang
kentang

jagung
jagong

lobak
lobak

wit woh-wohan
tangkal buah

telo
sampeu

sereal
séréal

kebon - pertanian

omah
imah

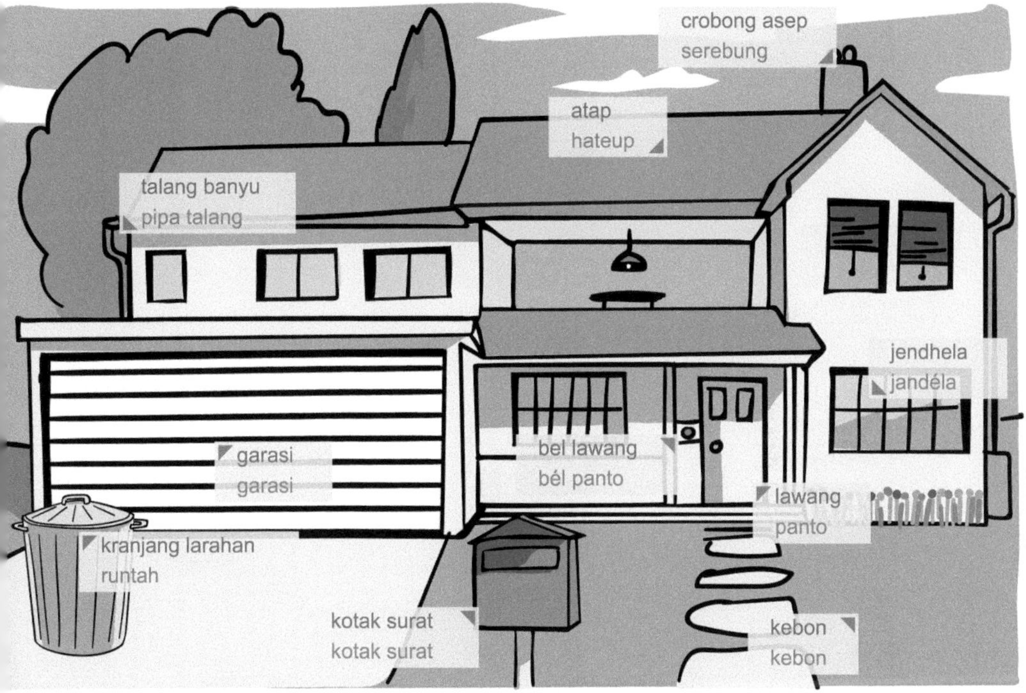

crobong asep
serebung

atap
hateup

talang banyu
pipa talang

jendhela
jandéla

garasi
garasi

bel lawang
bél panto

lawang
panto

kranjang larahan
runtah

kotak surat
kotak surat

kebon
kebon

ruang tamu
rohang tamu

jedhing
kamar ibak

pawon
dapur

kamar turu
pangkéng

kamar anak
kamar budak

kamar panedhaan
kamar makan

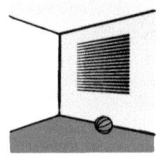
jobin
téhel

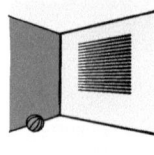
tembok
tembok

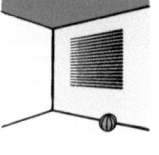
pyan
hateup

gudhang ing njero lemah
gudang di handap imah

sauna
sauna

balkon
balkon

teras
tepas

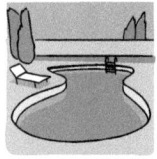
blumbang kanggo nglangi
kolam renang

mesin kanggo motong suket
mesin pamotong jukut

lembaran
sepré

sprei
simbut

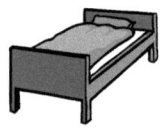
dipan
ranjang

sapu
sapu

ember
émbér

tombol
tombol

omah - imah

ruang tamu
rohang tamu

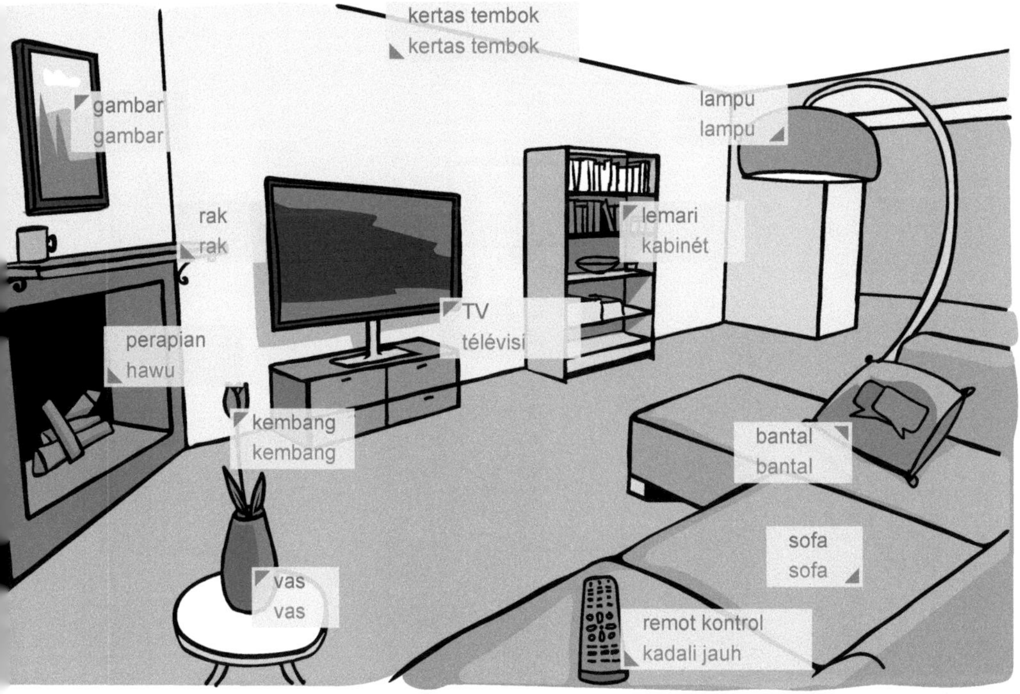

- kertas tembok / kertas tembok
- gambar / gambar
- lampu / lampu
- rak / rak
- lemari / kabinét
- perapian / hawu
- TV / télévisi
- kembang / kembang
- bantal / bantal
- vas / vas
- sofa / sofa
- remot kontrol / kadali jauh

karpet
karpét

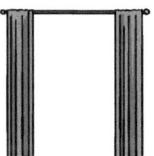

korden
hordéng

meja
meja

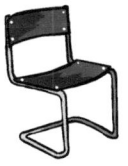

kursi
korsi

kursi goyang
korsi goyang

kursi tangan
korsi malas

ruang tamu - rohang tamu

buku
buku

selimut
simbut

dekorasi
dékorasi

kayu bakar
suluh

film
pilem

hi-fi
hi-fi

kunci
konci

koran
surat kabar

lukisan
lukisan

poster
poster

radio
radio

buku catetan
buku tulis

penyedot lebut
panyedot kebul

kaktus
kaktus

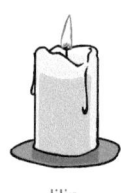
lilin
lilin

ruang tamu - rohang tamu

pawon
dapur

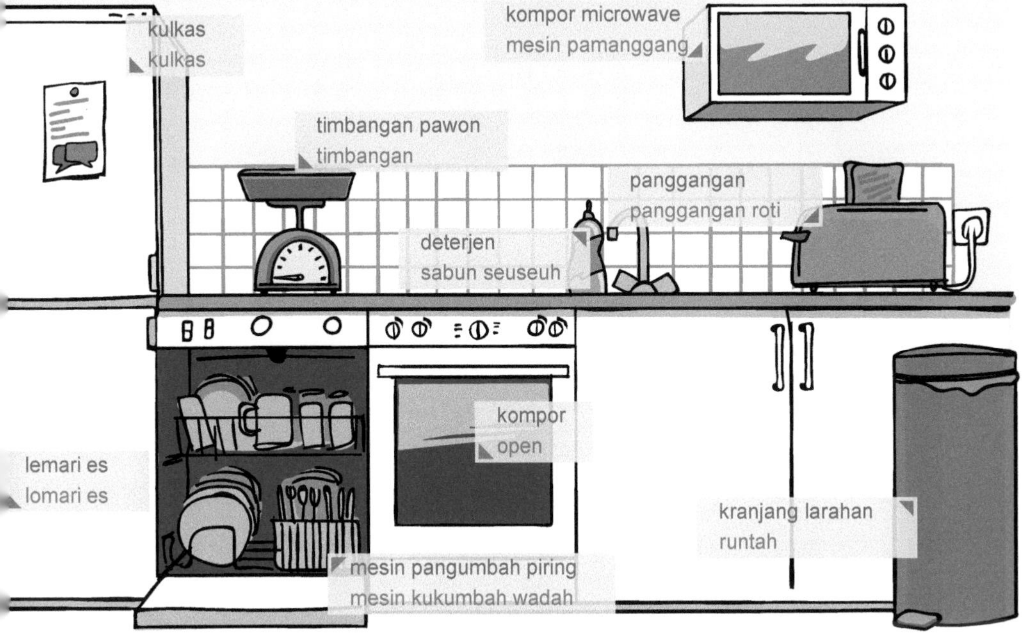

- kulkas / kulkas
- kompor microwave / mesin pamanggang
- timbangan pawon / timbangan
- panggangan / panggangan roti
- deterjen / sabun seuseuh
- kompor / open
- lemari es / lomari es
- kranjang larahan / runtah
- mesin pangumbah piring / mesin kukumbah wadah

kompor
kompor

panci
panci

panci wesi
panci beusi

wajan
katél

wajan
panci

ceret
citél

pawon - dapur

	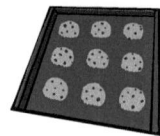	
kukusan langseng	loyang baki	pecah belah piring

mug cangkir	mangkok mangkok	sumpit sumpit

irus sendok sop	solet sérok	udeg pangocok

ayakan ayakan	saringan saringan	parutan parutan

lumpang mortar	panggangan daging bakar	geni suluh

pawon - dapur

telenan
papan pamotong

gilingan adonan
gilingan

kotrek
alat pambuka tutup botol

kaleng
kaléng

bukaan kaleng
pambuka kaléng

cempal
gagang panci

wastafel
tilelep

sikat
sikat

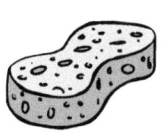
sepon
busa

blender
blénder

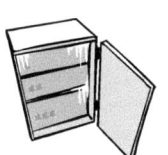
kulkas
lomari es

gendul bayi
botol orok

kran
keran

jedhing
kamar ibak

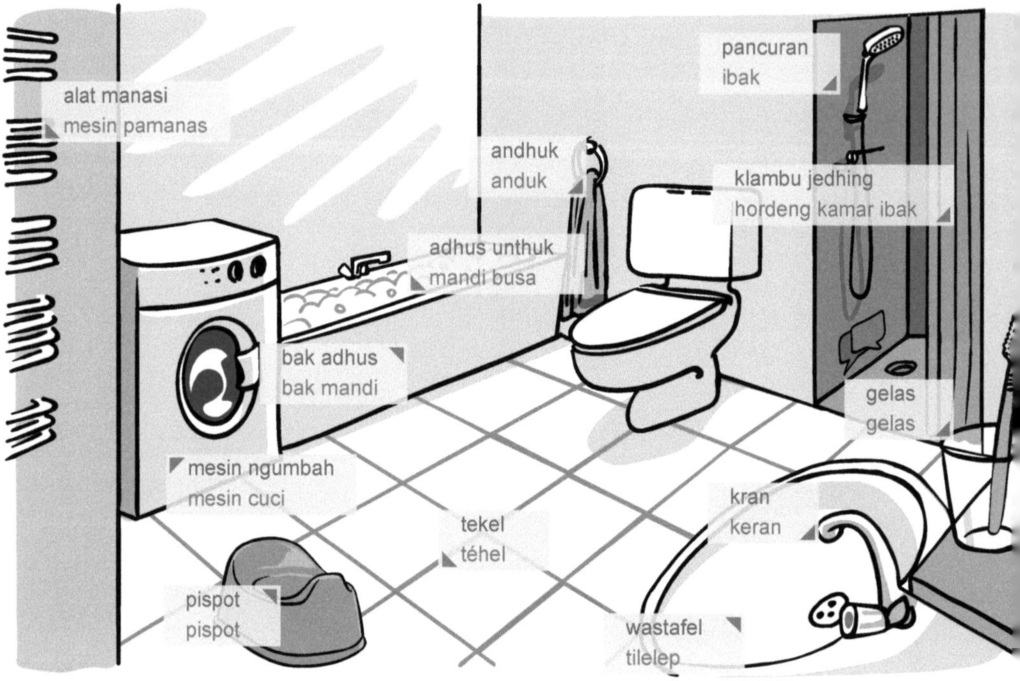

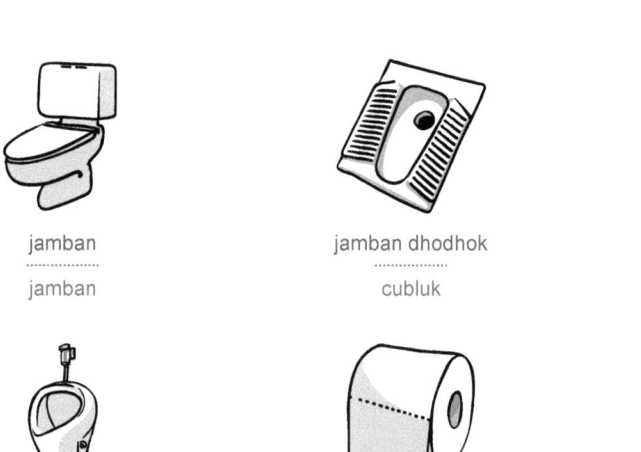

alat manasi / mesin pamanas
andhuk / anduk
pancuran ibak
klambu jedhing / hordeng kamar ibak
adhus unthuk / mandi busa
bak adhus / bak mandi
mesin ngumbah / mesin cuci
pispot / pispot
tekel / téhel
wastafel / tilelep
kran / keran
gelas / gelas

jamban / jamban	jamban dhodhok / cubluk	bidet / bidét

pissoir / urinal	tisu jamban / kertas jamban	sikat jamban / sikat jamban

		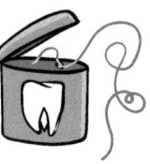
sikat untu sikat huntu	odol odol	bolah untu benang gigi
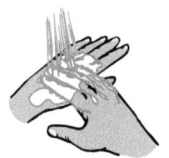		
ngumbahi nyeuseuh	gagang shower kokocoran leungeun	pancuran kukucuran

baskom bak	sikat geger panyikat tonggong	sabun sabun

gel pancuran gel ibak	sampo sampo	hem planél

nguras nguras	krim krim	deodoran déodoran

jedhing - kamar ibak

pangilon
eunteung

koco tangan
eunteung leungeun

silet
péso cukur

umpluk cukur
busa cukur

aftershave
krim cukur

jungkat
sisir

sikat untu
sikat

hairdryer
alat panggaring rambut

hairspray
semprotan rambut

dandanan
pangrias beungeut

gincu
lipstik

kuteks
cét kuku

kapas
kapas

gunting kuku
gunting kuku

parfum
minyak seungit

jedhing - kamar ibak

kantong adhus
kantong seuseuh

dingklik
bangku

timbangan
timbangan

bah kanggo sawise adhus
baju mandi

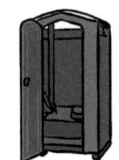
sarung karet
sarung tangan karét

tampon
sampon

pembalut
handuk pembalut

jamban nganggo bahan kimia
jamban kimia

jedhing - kamar ibak

kamar anak
kamar budak

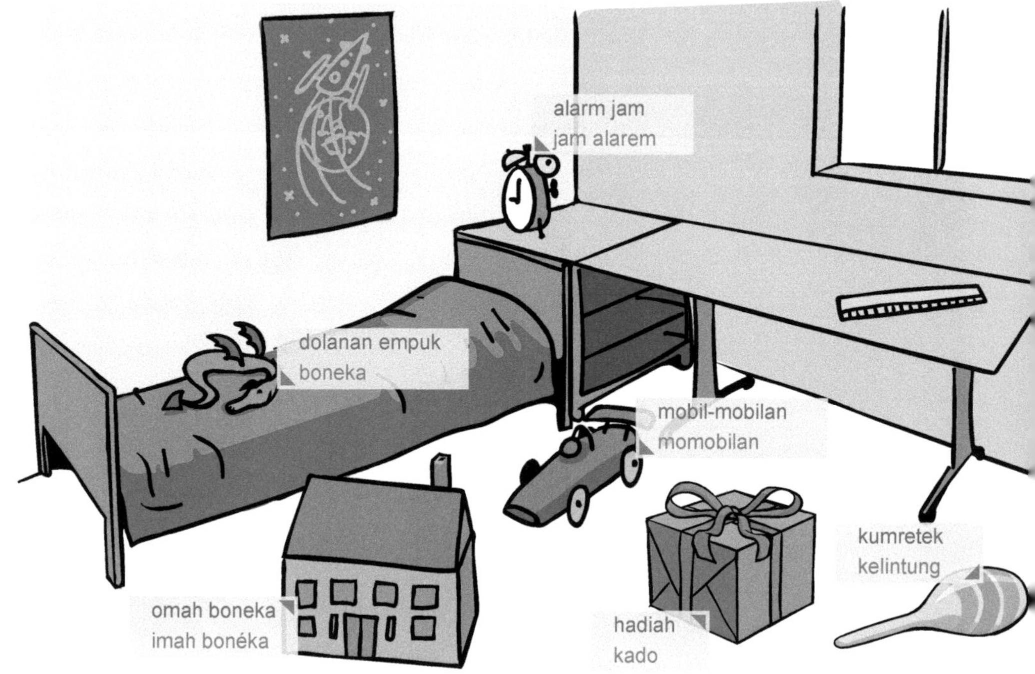

alarm jam
jam alarem

dolanan empuk
boneka

mobil-mobilan
momobilan

kumretek
kelintung

omah boneka
imah bonéka

hadiah
kado

balon
balon

dipan
ranjang

kreto bayi
karéta orok

meja kertu
kartu

teka-teki
tatarucingan

komik
komik

kamar anak - kamar budak

bata lego
kaulinan lego

balok dolanan
kaulinan bentuk blok

boneka aksi
figur tokoh

klambi bayi
baju budak

frisbee
frisbee

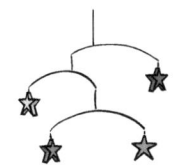

dolanan gantungan
mobile

dolanan meja
papan gim

dadu
dadu

sepur dolanan
set model kareta api

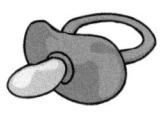

dot
endot

pesta
pihak

buku gambar
buku gambar

bal
bal

boneka
bonéka

dolanan
ulin

kamar anak - kamar budak

panggon dolanan pasir

wadah pasir maénan

ayunan

ayunan

dolanan

kaulinan

konsol video game

video gim konsol

sepeda roda telu

sapedah roda tilu

beruang teddy

bonéka beruang

lemari sandhangan

lomari baju

klambi
acuk

kaos kaki

kaos kaki

stoking

kaos kaki

kathok singset

baju ketat

awak
awak

kathok
calana

kathok jins
jins

rok
rok

blus
blus

klambi
kaméja

jaket nganggo kudung
jakét tiung

sweter
baju haneut

blezer
jakét

jaket
jakét

mantel
jakét

jas udan
jas hujan

kostum
kostum

gaun
gaun

gaun manten
gaun pangantén

klambi - acuk

setelan
baju resmi

klambi kanggo turu
baju saré

piyama
piyama

kain sari
sari

kudung
tiung

serban
turban

cadar
burka

kaftan
kaftan

abaya
abaya

klambi kanggo nglangi
baju renang

kathok renang
calana renang

kathok cekak
calana péndék

klambi trening
orang raga

celemek
celemék

sarung tangan
sarung tangan

benik
kancing

kacamata
kaca soca

gelang
gelang

kalung
kongkorong

ali-ali
ali

anting-anting
giwang

peci
topi

gantungan mantel
gantungan jakét

topi
topi

dasi
dasi

slerekan
risléting

helem
hélem

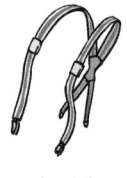

bretel
tali salémpang

sragam sekolah
saragam sakola

sragam
saragam

klambi - acuk

oto	dot	popok
apron orok	endot	popok

kantor
kantor

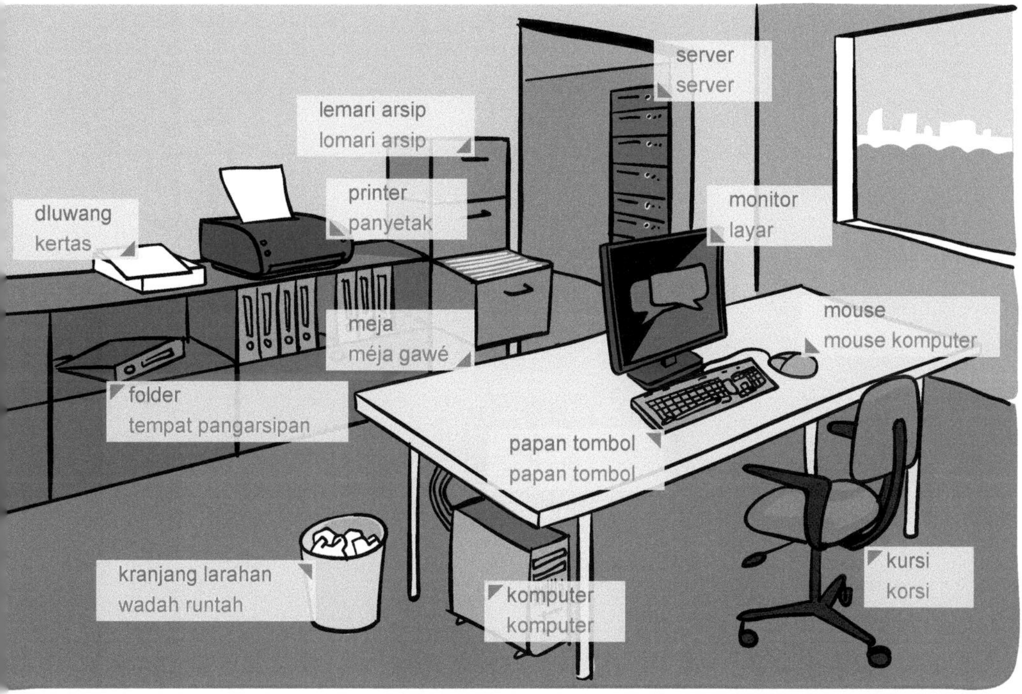

- lemari arsip / lomari arsip
- server / server
- dluwang / kertas
- printer / panyetak
- monitor / layar
- meja / méja gawé
- mouse / mouse komputer
- folder / tempat pangarsipan
- papan tombol / papan tombol
- kranjang larahan / wadah runtah
- komputer / komputer
- kursi / korsi

cangkir kopi	kalkulator	internet
cangkir kopi	kalkulator	internét

laptop
laptop

surat
surat

pesen
pesen

HP
telpon sélulér

jaringan
jaringan

mesin fotokopi
fotokopi

software
software

telpon
telpon

colokan
plug sokét

mesin faksimili
mesin fax

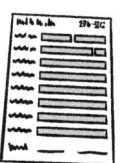

blangko
formulir

dokumen
dokumén

ekonomi
ékonomi

tuku
mésér

mbayar
mayar

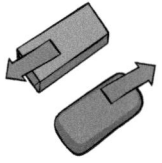
bebakulan
dagang

duit
artos

dolar
dollar

euro
euro

yen
yen

rubel
rubel

franc Swiss
Franc swiss

yuan renminbi
renminbi yuan

rupe
rupiah

cash point
ATM

kantor pertukaran duit mancanegara	emas	perak
kantor pertukaran mata uang	emas	pérak

minyak	energi	rego
minyak	énérgi	harga

  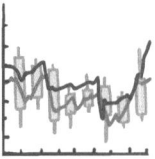

kontrak	pajek	saham
kontrak	pajak	saham

kerjo	pegawe	juragan
gawé	karyawan	dunungan

pabrik	toko
pabril	toko

ekonomi - ékonomi

gawean
pagawéan

perwira polisi
petugas pulisi

petugas kobongan
pemadam kebakaran

tukang masak
koki

dokter
dokter

pilot
pilot

tukang kebon
tukan kebon

tukang kayu
tukang kai

tukang jahit
tukang jait awéwé

hakim
hakim

ahli kimia
ahli kimia

aktor
aktor

sopir bis — sopir taksi — nelayan
sopir beus — sopir taksi — nalayan

tukang reresik — tukang pasang gendheng — laden
pembantu — tukang hateup — badega

pamburu — pelukis — tukang roti
tukang muru — pelukis — tukang roti

tukang listrik — tukang mbangun — insinyur
tukang listrik — tukang bangun — insinyur

jagal — tukang ledeng — tukang pos
tukang daging — tukang pipa — tukang pos

gawean - pagawéan

tentara
tentara

arsitek
arsiték

kasir
kasir

bakul kembang
tukang kembang

juru rambut
tukang salon

kondektur
konduktor

mekanik
tukang méngkél

kapten
kaptén

dokter untu
dokter gigi

ilmuwan
ilmuwan

rabbi
rabbi

imam
imam

biksu
biarawan

pandhita
pendéta

alat
alat

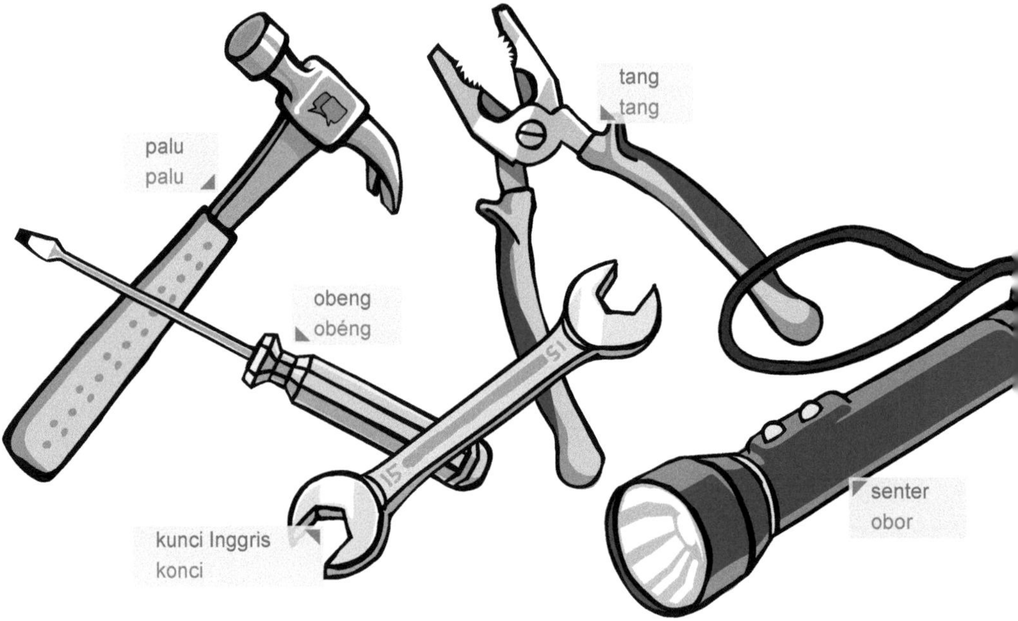

palu
palu

tang
tang

obeng
obéng

kunci Inggris
konci

senter
obor

mesin kerukan
panggali

wadah perkakas
kantong parkakas

andha
tangga

graji
ragaji

paku
paku

bur
bor

alat - alat

ndandani
ngabenerkeun

sekop
sekop

Bajigur!
Kéhéd!

serok
pengki

kaleng cat
pot cét

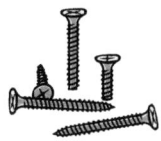

sekrup
sekrup bor

alat musik
alat musik

sak set tambur
alat dreum

speker
spiker

gitar
gitar

bass dobel
bas

trompet
tarompét

piano
piano

biola
violin

bass
bas

timpani
tambur

tambur
dreum

keyboard
keyboard

saksofon
saksofon

suling
suling

mikropon
mikrofon

alat musik - alat musik

kebon kewan
kebon binatang

macan tutul / maung

lawang mlebu / panto asup

kandang / kandang

sebra / sebra

pakanan kewan / parab

panda / panda

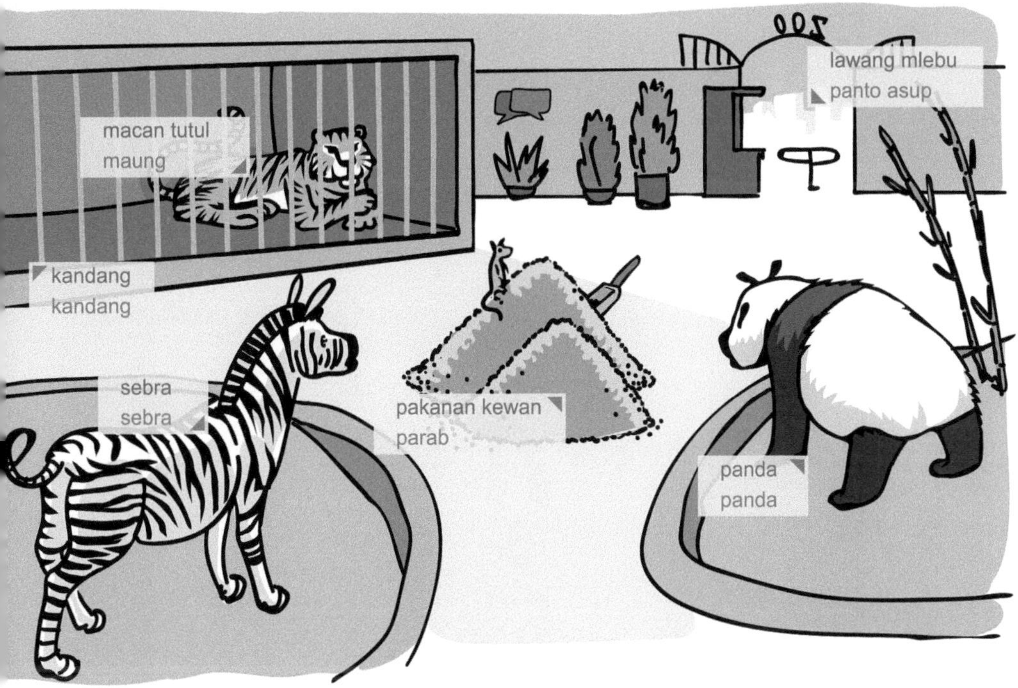

kewan
sato

gajah
gajah

kanguru
kanguru

badak
badak

gorila
gorila

beruang
biruang

kebon kewan - kebon binatang

unta
onta

manuk unta
manuk onta

singa
singa

kethek
monyét

flamingo
flamingo

bethet
manuk béo

beruang kutub
biruang polar

pinguin
penguin

hiu
hiu

merak
merak

ula
oray

baya
buaya

juru kunci kebon kewan
tukang jaga kebon binatang

singa segara
anjing laut

jaguar
jaguar

jaran poni
kuda poni

macan tutul
macan tutul

kuda nil
kuda nil

jrapah
jerapah

garudha
heulang

celeng
bagong

iwak
lauk

bulus
kuya

walrus
anjing laut

rubah
robah

kidang
kijang

kebon kewan - kebon binatang

olahraga
olahraga

olahraga - olahraga

kegiatan
aktivitas

encolot / aganjleng

ngguyu / seuri

ngrangkul / nangkeup

nembang / nyanyi

mlaku / leumpang

ndonga / ngadoa

ngambung / nyium

ngimpi / ngimpén

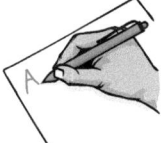

nulis
nyerat / nulis

nggambar
ngalukis

nuduhake
ningalikeun

mencet
ngadorong

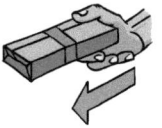

menehi
méré

njupuk
mawa

kegiatan - aktivitas

duweni
boga

nindakake
ngalakukeun

yaiku
nya éta

ngadek
tatih

mlayu
lumpat

narik
narik

nguncalake
malédog

tiba
ragrag

ngapusi
saré

ngenteni
nungguan

nggawa
nyandak

lungguh
diuk

klamben
anggé acuk

turu
saré

tangi
hudang

kegiatan - aktivitas

ndheleng
ningali

nangis
méwék

ngelus
ngusapan

njungkati
nyisir

ngomong
nyarita

mangerteni
ngarti

takon
naros

ngrungoake
ngadéngé

ngombe
nginum

mangan
dahar

ngrapiake
bébérés

nrisnani
bogoh

masak
masak

nyopir
nyetir

mabur
hiber

kegiatan - aktivitas

nglayar
balayar

itung
ngitung

maca
maca

sinau
diajar

kerjo
gawé

ngrabi
kawin

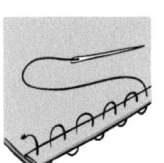

njahit
ngajait

nyikat untu
sikat huntu

mateni
maéhan

ngrokok
ngarokok

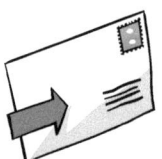

ngirim
ngirim

kegiatan - aktivitas

keluarga
kulawarga

mbah putri / nini

mbah kakung / aki

bapak / bapak

ibu / emak

bayi / orok

anak wedok / budak awéwé

anak lanang / budak lalaki

tamu
tamu

bu lik
bibi

pak lik
emang

dulur lanang
aa

dulur wadon
tétéh

keluarga - kulawarga

awak
awak

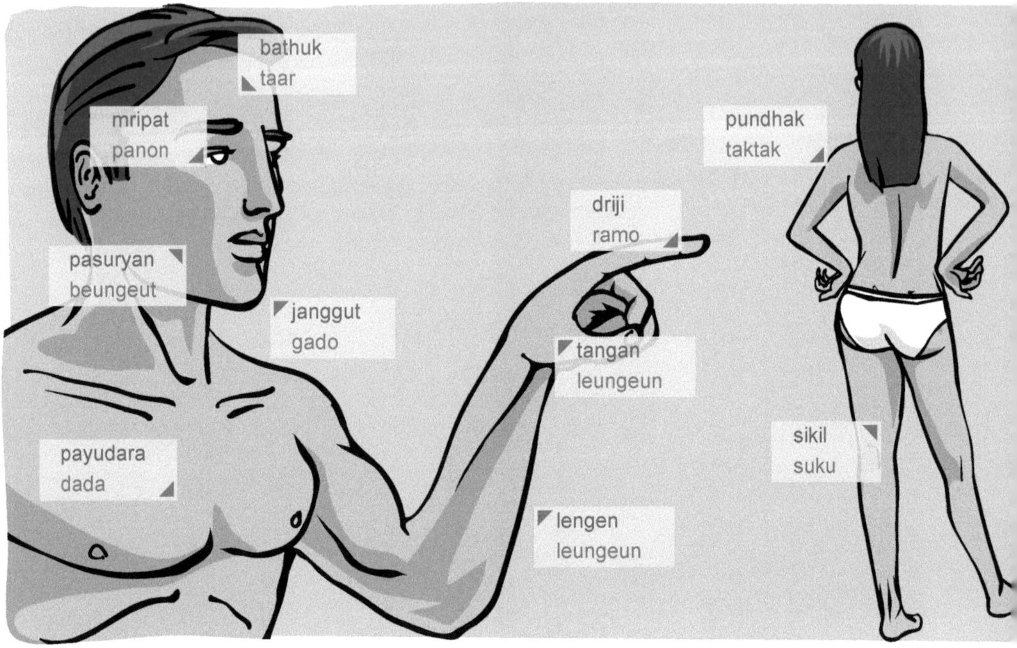

bathuk
taar

mripat
panon

pundhak
taktak

driji
ramo

pasuryan
beungeut

janggut
gado

tangan
leungeun

payudara
dada

sikil
suku

lengen
leungeun

bayi

orok

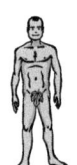

lanang

lalaki

wadon

awéwé

bocah wadon

awéwé

bocah lanang

lalaki

sirah

sirah

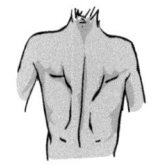

geger
tonggong

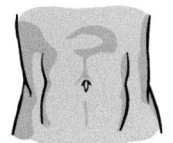

weteng
beuteung

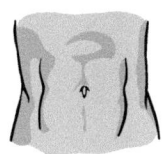

puser
bujal

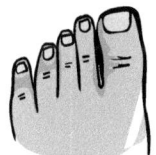

driji sikil
jempol

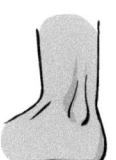

tungkak
keuneung

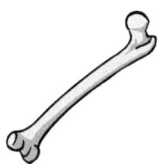

balung
tulang

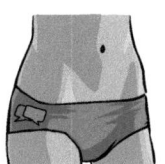

panggul
cangkéng

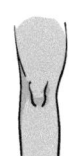

dengkul
tuur

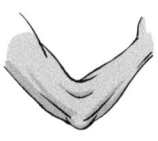

sikut
sikut

irung
irung

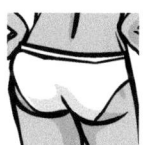

bokong
bujur

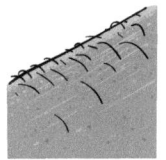

kulit
kulit

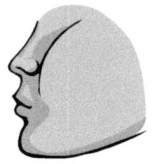

pipi
pipi

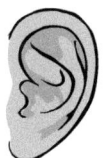

kuping
ceuli

lambe
biwir

lisan
baham

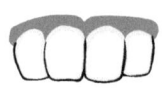
untu
huntu

ilat
létah

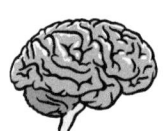
uteg
uteuk

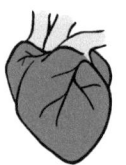
jantung
haté

otot
otot

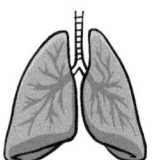
paru
bayah

ati
ati

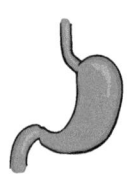
garba
lambung

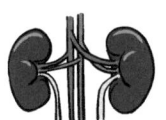
ginjel
ginjal

sanggama
sapatemon

kondom
kondom

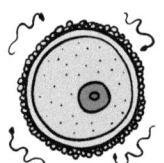
ovum
sél telur

mani
spérma

mbobot
kakandungan

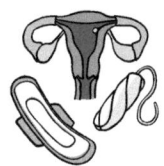
haid
haid

vagina
heunceut

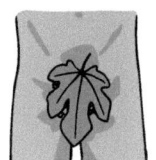
zakar
sirit

alis
halis

rambut
buuk

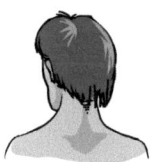
gulu
beuheung

griya sakit
rumah sakit

- griya sakit / rumah sakit
- ambulans / ambulan
- kursi roda / korsi roda
- bentet / pateuh

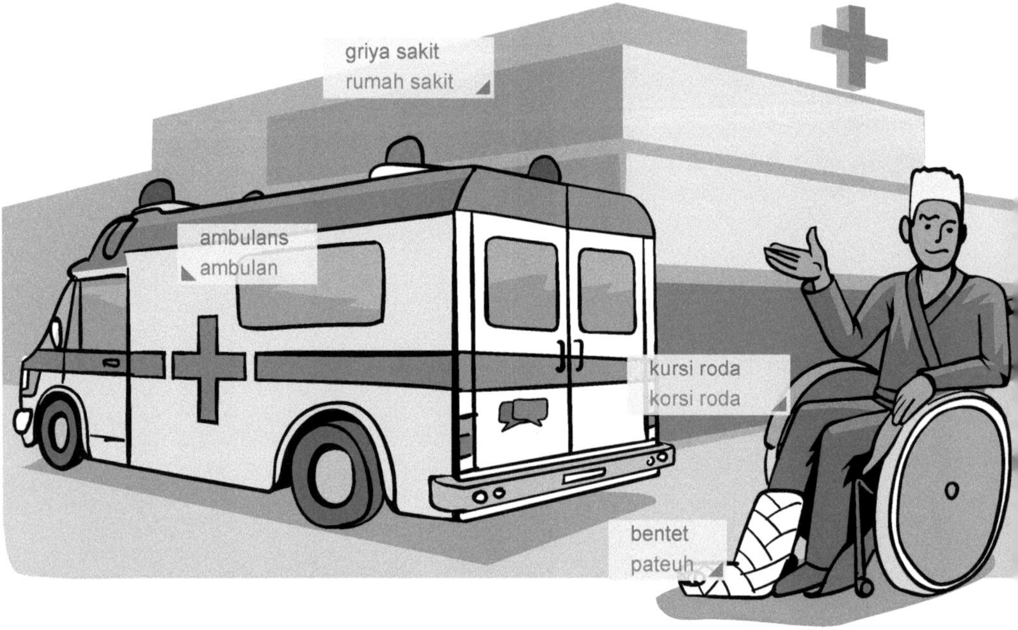

dokter
dokter

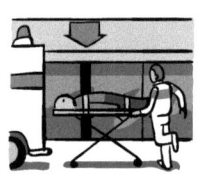
kamar gawat darurat
rohang darurat

perawat
parawat

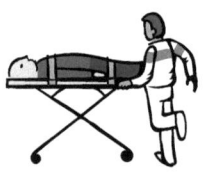
dharurat
darurat

ora sadar
pingsan

linu
nyeri

tatu
tatu

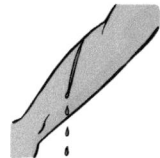
getihen
ngaluarkeun getih

serangan jantung
jantungan

setruk
strok

alergi
alérgi

watuk
batuk

ngelu
muriang

pilek
salésma

diare
birit

mumet
rieut

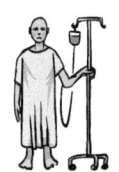
kanker
kanker

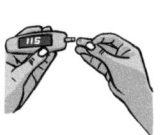
diabetes
diabétés

ahli bedah
ahli bedah

lading bedah
péso bedah

operasi
operasi

griya sakit - rumah sakit

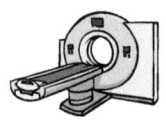
CT
CT

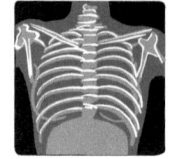
sinar x
sinar x

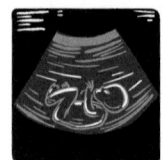
USG
usg

masker
topéng

penyakit
panyakit

kamar nunggu
rohang tunggu

pitulung
pangrojong

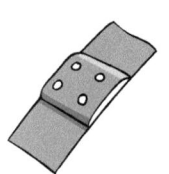
perban
paléstér

perban
perban

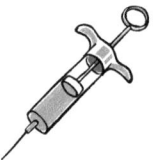
suntik
injéksi

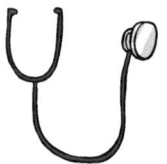
stetoskop
stétoskop

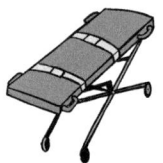
tandu
tandu

termometer klinik
termométer klinis

lair
kalahiran

kalemon
obésitas

alat bantu dengar	disinfektan	infeksi
alat bantu dédéngéan	désinféktan	inféksi

virus	HIV/AIDS	obat
virus	HIV / AIDS	obat
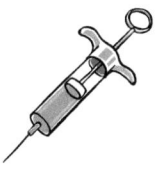	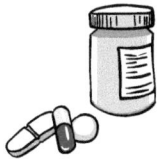	
vaksinasi	tablet	pil
vaksinasi	tablét	pil
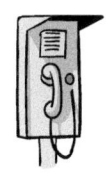		
nomer telpon darurat	ngukur tensi getih	lara / waras
panggilan darurat	ngukur ténsi	gering / séhat

griya sakit - rumah sakit

dharurat
darurat

Tulung!	 alarem	 sergap
Tulung!	alarem	gangguan

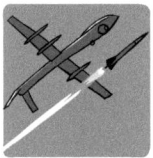 serangan	 bebaya	 lawang metu dharurat
narajang	bahaya	panto darurat

Kobongan!	 alat mateni geni	 kacilakan
Seuneu!	alat pemadam kabakaran	kacilakaan

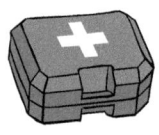 pitulungan wiwitan	 SOS	 polisi
kotak P3K	SOS	pulisi

bumi
Bumi

Eropa Amerika Lor Amerika Kidul
Eropa Amérika Utara Amérika Selatan

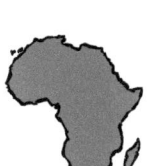  

Afrika Asia Australia
Afrika Asia Australi

 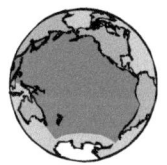 

Atlantik Pasifik Samudra Hindia
Atlantik Pasifik Samudra Hindia

Samudra Antartika Samudra Arktik Kutub Lor
Samudra Antartika Samudra Arktik Kutub Utara

Kutup Kidul	Antarktika	bumi
Kutub Selatan	Antartika	Bumi

daratan	segara	pulau
tanah	laut	pulau
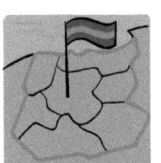	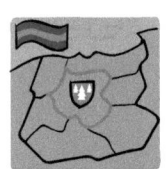	
bangsa	negara	
bangsa	nagara	

jam
jam

layar jam
jam wajah

dom jam
jarum péndék

dom menit
jarum menit

dom detik
jarum detik

Jam piro saiki?
Tabuh sabaraha?

dina
poé

wektu
waktos

saiki
ayeuna

jam digital
jam digital

menit
menit

jam
jam

minggu
minggu

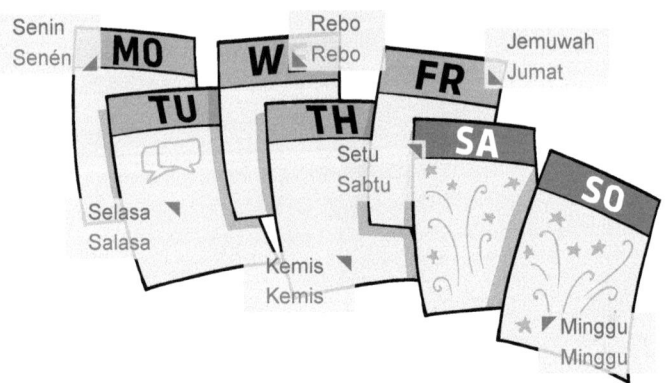

wingi
kamari

saiki
dinten ayeuna

sesuk
énjing

esuk
énjing-énjing / isuk-isuk

awan
siang

bengi
peuting

dina kerja
poé gawé

akhir minggu
akhir minggu

tahun

taun

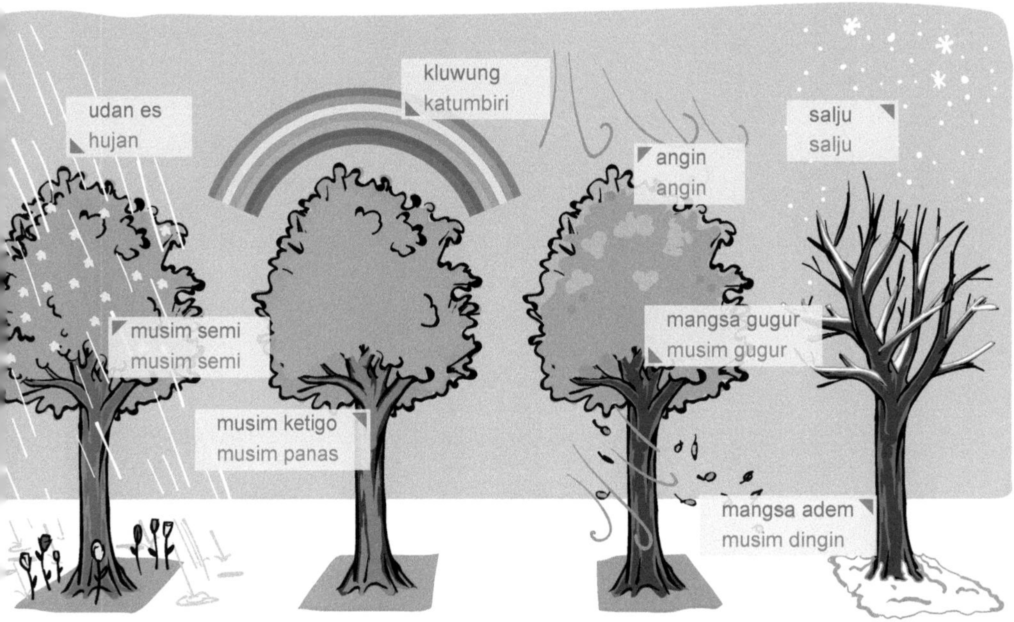

udan es
hujan
kluwung
katumbiri
angin
angin
salju
salju
musim semi
musim semi
musim ketigo
musim panas
mangsa gugur
musim gugur
mangsa adem
musim dingin

4.APRIL 11°
5.APRIL 4°
6.APRIL 13°
7.APRIL 8°
8.APRIL 10°

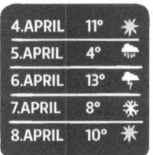

ramalan cuaca

ramalan cuaca

F C
120 40
90 30
60 20
30 10
0 0
-30 -10
-20

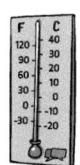

termometer

térmométer

srengenge

panon poé

mendhung

awan

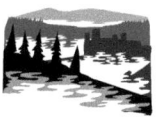

kabut

pepedut

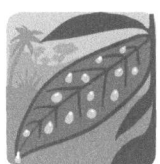

kelembapan

kelembaban

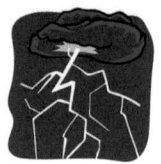
kilat
gelap

bledheg
guntur

badai
badai

udan es
hujan és

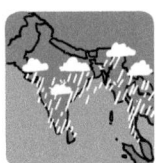
muson
angin muson

banjir
caah

es
és

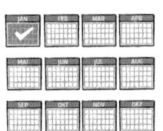
Januari
Januari

Februari
Pébruari

Maret
Maret

April
April

Mei
Mei

Juni
Juni

Juli
Juli

Agustus
Agustus

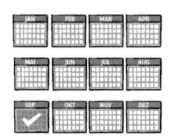
September
Séptémber

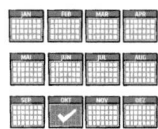
Oktober
Oktober

Nopember
Nopémber

Desember
Désémber

wangun
bentuk

bunder
buleudan

kuadrat
persegi

segi papat
persegi panjang

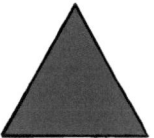
segi telu
segi tiga

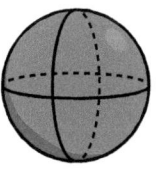
bal
bola

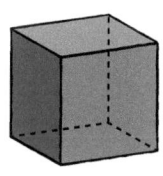
kubus
kubus

warna
warna-warna

putih
bodas

kuning
konéng

oranye
oranyeu

jambon
kayas

abang
beureum

ungu
bungur

biru
bulao

ijo
héjo

coklat
coklat

abu-abu
abu-abu

ireng
hideung

kontras
sabalikna

akeh / sithik
loba / saeutik

nesu / kalem
ambek / kalem

ayu / elek
geulis / goreng

pawitan / pungkasan
ngamimitian / réngsé

gede / cilik
gedé / leutik

padhang / peteng
caang / poék

sedulur lanang / sedulur wadon
dulur lalaki / dulur awéwé

resik / reged
bersih / kotor

pepak / ora pepak
lengkep / teu lengkep

awan / bengi
poé / peuting

mati / urip
paéh / hirup

jembar / sempit
lega / heureut

iso dipangan / ora iso dipangan

bisa didahar / teu bisa didahar

ala / becik

jahat / bageur

seneng / bosen

sumanget / bosen

lemu / kuru

badag / begang

pisanan / pungkasan

kahiji / terakhir

kanca / musuh

baturan / musuh

kebak / kosong

pinuh / kosong

atos / empuk

heuras / lemes

abot / enteng

beurat / hampang

luwe / wareg

kalaparan / haus

lara / waras

gering / séhat

illegal / legal

ilegal / legal

pinter / bodo

calakan / bodo

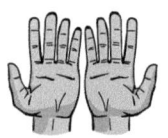

kiwa / tengen

kénca / katuhu

cedhak / adoh

deukeut / jauh

kontras - sabalikna

anyar / lawas

anyar / urut

ora ana / ana

euweuh nanaon / aya nanaon

tuwa / enom

kolot / ngora

urip / mati

hurung / pareum

buka / tutup

buka / tutup

anteng / rame

jempé / gandéng

sugeh / mlarat

beunghar / sangsara

bener / salah

bener / salah

kasar / alus

kasar / lemes

susah / seneng

sedih / gumbira

cendhak / dawa

pendék / panjang

alon / banter

alon / gancang

teles / garing

baseuh / garing

anget / adem

haneut / tiis

perang / tentrem

perang / damai

kontras - sabalikna

angka
angka-angka

0
nol
nol

1
siji
hiji

2
loro
dua

3
telu
tilu

4
papat
opat

5
limo
lima

6
enem
genep

7
pitu
tujuh

8
wolu
dalapan

9
songo
salapan

10
sepuluh
sapuluh

11
sewelas
sawelas

12
rolas
duawelas

13
telulas
tiluwelah

14
patbelas
opatwelas

15
limolas
limawelas

16
nembelas
genepwelas

17
pitulas
tujuhwelas

18
wolulas
dalapanwelas

19
songolas
salapanwelas

20
rong puluh
duapuluh

100
satus
saratus

1.000
sewu
sarébu

1.000.000
sak yuto
sajuta

angka - angka-angka

basa-basa
basa-basa

basa Inggris

Inggris

basa Inggris Amerika

basa Inggris Amerika

basa Cina Mandarin

basa Cina Mandarin

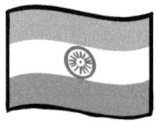

basa Hindi

basa Hindi

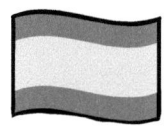

basa Spanyol

basa Spanyol

basa Prancis

basa Perancis

basa Arab

basa Arab

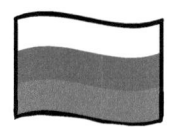

basa Rusia

basa Rusia

basa Portugis

basa Portugis

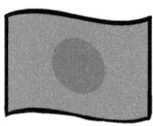

basa Bengali

basa Bengal

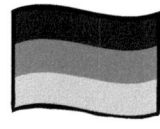

basa Jerman

basa Jerman

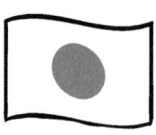

basa Jepang

basa Jepang

sapa / apa / piye
saha / naon / kumaha

aku
urang

kowe
manéh

dheweke
anjeunna / manéhna

kita
arurang

kowe kabeh
maranéh

dheweke kabeh
aranjeunna / maranéhna

sapa?
saha?

apa?
naon?

piye?
kumaha?

neng endi?
di mana?

kapan?
iraha?

jeneng
wasta / ngaran

neng endi
di mana

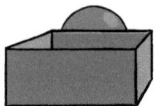

mburi
di tukang

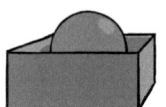

ing jero
di

ing ngarep
di hareup

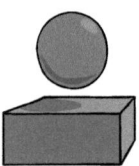

ing dhuwure
di luhureun

ing
di luhur

ing ngisore
di handapeun

sisih
di gigir

antarane
antawis

panggonan
tempat